ORGANIZADORA: EDITORA DO BRASIL

São Paulo
4ª edição, 2023

ENSINO FUNDAMENTAL
ANOS INICIAIS

Dados Internacionais de Catalogação na Publicação (CIP)
(Câmara Brasileira do Livro, SP, Brasil)

Assim eu aprendo caligrafia 5 : ensino fundamental : anos iniciais / organizadora Editora do Brasil. -- 4. ed. -- São Paulo : Editora do Brasil, 2023. -- (Assim eu aprendo)

ISBN 978-85-10-09032-2 (aluno)
ISBN 978-85-10-09031-5 (professor)

1. Caligrafia (Ensino fundamental) I. Série.

23-154814   CDD-372.634

Índices para catálogo sistemático:
1. Caligrafia : Ensino fundamental   372.634

Cibele Maria Dias - Bibliotecária - CRB-8/9427

4ª edição / 1ª impressão, 2023
Impresso na margraf

Rua Conselheiro Nébias, 887
São Paulo, SP – CEP 01203-001
Fone: +55 11 3226-0211
www.editoradobrasil.com.br

© Editora do Brasil S.A., 2023
Todos os direitos reservados

Direção-geral: Paulo Serino de Souza

Diretoria editorial: Felipe Ramos Poletti
Gerência editorial de conteúdo didático: Erika Caldin
Gerência editorial de produção e design: Ulisses Pires
Supervisão de design: Dea Melo
Supervisão de arte: Abdonildo José de Lima Santos
Supervisão de revisão: Elaine Cristina da Silva
Supervisão de iconografia: Léo Burgos
Supervisão de digital: Priscila Hernandez
Supervisão de controle e planejamento editorial: Roseli Said
Supervisão de direitos autorais: Jennifer Xavier

Supervisão editorial: Carla Felix Lopes
Edição: Beatriz Pineiro
Assistência editorial: Marcos Vasconcelos
Auxílio editorial: Natália Soeda
Revisão: Alexander Barutti, Andréia Andrade, Beatriz Dorini, Gabriel Ornelas, Mariana Paixão, Martin Gonçalves, Rita Costa e Sandra Fernandes

Pesquisa iconográfica: Elena Molinari e Maria Santos
Tratamento de imagens: Robson Mereu
Projeto gráfico: Patrícia Lino e Diego Lima
Capa: Diego Lima e Gisele Baptista de Oliveira
Imagem de capa: Studio Pupa
Edição de arte: Bruna Souza e Carla Ferreira
Ilustrações: Dayane Raven, Laís Bicudo e Paula Kranz
Editoração eletrônica: NPublic/Formato Comunicação
Licenciamentos de textos: Cinthya Utiyama, Ingrid Granzotto, Renata Garbellini e Solange Rodrigues
Controle e planejamento editorial: Bianca Gomes, Juliana Gonçalves, Maria Trofino, Regiane Matos, Terezinha Oliveira e Valéria Alves

APRESENTAÇÃO

A Coleção Assim eu Aprendo foi reformulada e está de cara nova!

Escrita com muito carinho e atenção, esta atualização tornou a obra ainda mais incrível e moderna.

Esperamos que se divirta nas atividades e que o aprendizado destas páginas o acompanhe por toda a vida.

Bom estudo!

SUMÁRIO

Alfabeto 5	Plural dos substantivos 46
Fonema e letra 8	Plural dos substantivos compostos 48
Número de sílabas 10	Graus do substantivo 50
Sílaba tônica 12	Adjetivos 52
Encontro consonantal 14	Graus do adjetivo 55
Dígrafo 15	Numerais 57
Encontro vocálico 16	Pronomes 59
M antes de P e B 18	Verbos da 1ª conjugação 62
Til 20	Verbos da 2ª conjugação 63
Cedilha 21	Verbos da 3ª conjugação 64
Sinais gráficos 23	Verbo pôr 65
Hífen 27	Verbos auxiliares 66
Frase 29	Oração – sujeito e predicado 68
Sinônimos, antônimos e homônimos 32	Objeto direto e objeto indireto 70
Substantivos 35	Advérbios 72
Substantivos coletivos 40	Preposições 75
Artigos 41	Conjunções 77
Gênero do substantivo 43	Interjeições 79

Alfabeto

 **LEIA**

É **difícil** imaginar uma **viagem** longa feita com os pés descalços. O **calçado** mais **antigo** já **descoberto** tem mais de 40 mil anos. Com o passar do **tempo**, os calçados primitivos foram substituídos por sandálias mais confortáveis, no Egito Antigo, e depois, já na **Idade** Média, surgiram sapatos e botas um pouco mais parecidos com os **atuais**. **Hoje** em dia, o design e o **estilo** dos sapatos são tão importantes quanto o conforto.

Romana Romanyshyn e Andriy Lesiv. *Em movimento*. São Paulo: Editora do Brasil, 2022. p. 9

🔸 Copie em ordem alfabética as palavras destacadas no texto.

🔸 Encontre quatro palavras no diagrama e copie-as em ordem alfabética.

W	B	I	I	C	L
S	É	R	I	E	I
D	R	E	F	A	V
B	J	O	G	O	R
O	F	I	C	T	O
F	I	L	M	E	E

5

🔴 Ligue os pontos, seguindo a ordem alfabética, e descubra um meio de transporte que as pessoas usam para viajar longas distâncias. Depois, pinte-o.

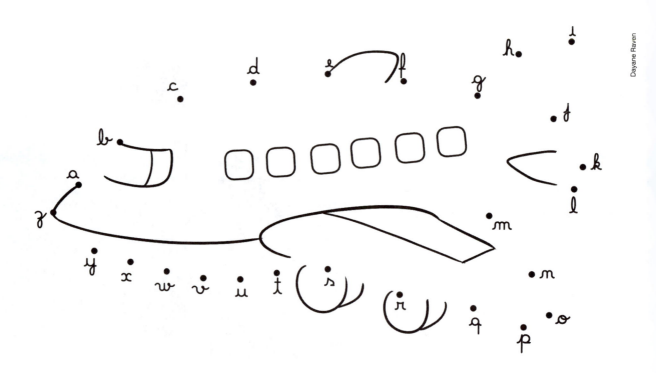

🔴 Escolha um lugar que você gostaria de conhecer e escreva o nome dele.

🔴 Agora escreva um breve texto sobre o lugar que você escolheu.

- Usando as sílabas do quadro a seguir, escreva o maior número de palavras que conseguir formar. Observe o exemplo.

po to mar da bo cha
mo ve la sa ca ma

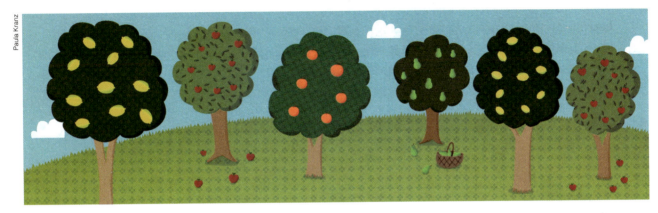

pomar,

Fonema e letra

Fonema (som) é a menor unidade sonora da fala. É característico de uma língua e se forma com a saída do ar pela boca ou pelo nariz.

Letra é a representação do fonema (som) por meio de sinais gráficos.

Nem sempre, em uma palavra, o número de fonemas é igual ao número de letras. Na palavra **carro**, por exemplo, há cinco letras e quatro fonemas.

● Leia as palavras, copie-as e escreva o número de letras e de fonemas de cada uma delas.

dinossauro

chaveiro

banana

macaxeira

razão

toalha

 **LEIA**

O Colégio Randolfo Astolfo era conhecido pelos moradores de Piracema do Leste como o colégio do Esqueleto Astolfo. Nem foi essa a intenção dos fundadores, senhor Rodolfo Astrogildo Astolfo e senhora Rosalda Ástride Astolfo, um casal culto e bastante empreendedor. A fama simplesmente pegou.

No início, há mais de trinta anos, os professores utilizavam o esqueleto somente durante as aulas de Ciências, nas explicações sobre o corpo humano. Com o tempo, os funcionários, professores e alunos decidiram dar um nome a ele. E acharam que Astolfo, o último sobrenome dos proprietários do colégio, seria ideal.

Jonas Ribeiro e Telma Guimarães. *O caso arrepiante do esqueleto Astolfo*. São Paulo: Editora do Brasil, 2022. p. 5.

● Copie do texto uma palavra que tenha:

a) sete letras e sete fonemas;

c) onze letras e dez fonemas;

b) nove letras e oito fonemas;

d) seis letras e cinco fonemas.

● Agora, escreva as palavras que o professor irá ditar.

Número de sílabas

De acordo com o número de sílabas, as palavras são classificadas em: **monossílabas** (uma sílaba), **dissílabas** (duas sílabas), **trissílabas** (três sílabas) e **polissílabas** (quatro sílabas ou mais).

 LEIA

— Ainda bem que a aula acabou! Tenho de sair correndo para ver o Marco antes da gravação. Ele me pediu um conselho superimportante... – falava Joana enquanto guardava seu material.

As meninas em volta dela faziam de tudo para ajudá-la, na esperança de que Joana convidasse uma delas para aquele encontro. A única que não fazia nada era Reny, que, emocionada, segurava um papel cor-de-rosa muito perfumado. [...]

Alexandra Lopes e André Mota. *Amigo não é pra essas coisas*. São Paulo: Editora do Brasil, 2022. p. 5.

● Copie do texto três palavras para cada tipo solicitado abaixo.

Monossílabas

Dissílabas

Trissílabas

Polissílabas

• Escolha uma das palavras do quadro, de acordo com a classificação indicada entre parênteses, e complete as frases.

> nunca   não   sim   já   certamente

a) Ele _____ viu uma baleia em alto-mar. (dissílaba)

> feliz   contente   furiosa   triste

b) Eu estou muito _____ com essa situação. (trissílaba)

> feliz   cansada   dormindo   estudando

c) Alice deveria estar _____. (polissílaba)

> café   relógio   jacaré   brinquedo

d) Hugo adorou o _____. (dissílaba)

• Separe as sílabas das palavras a seguir.

bandeira _____

papel _____

apontador _____

Sílaba tônica

Toda palavra tem uma sílaba pronunciada com mais intensidade do que as outras. Essa sílaba mais forte é a **sílaba tônica**.

Quanto à posição da sílaba tônica, as palavras se classificam em: **oxítonas**, **paroxítonas** ou **proparoxítonas**.

maçã
oxítona

abacate
paroxítona

pêssego
proparoxítona

● Classifique as palavras de acordo com a legenda e copie-as.

1 oxítona   **2** paroxítona   **3** proparoxítona

☐ lição

☐ melão

☐ espetáculo

☐ ônibus

☐ vestido

☐ abóbora

☐ abacaxi

☐ relâmpago

- Circule a sílaba tônica destas palavras e classifique-as.

médico

medico

medicar

incômodo

incomodo

secretaria

secretária

número

numero

válido

valido

- Desafio! Escreva uma frase em que apareçam uma palavra oxítona, uma paroxítona e uma proparoxítona.

13

Encontro consonantal

O encontro de duas consoantes pronunciadas com sons distintos em uma mesma palavra é chamado de **encontro consonantal**. Pode ocorrer na mesma sílaba, como na palavra vi-**dr**o, ou em sílabas diferentes, como em ca**r-t**a.

 **LEIA**

Tudo havia começado quando o famoso ator de novelas Marco Antonio se mudou para o mesmo prédio em que Joana morava.

Naquele dia, ela teve uma grande ideia. Por que não dizer que era a melhor amiga de Marco, para impressionar as meninas?

Afinal, todas as suas amigas adoravam o ator e fariam de tudo para conhecê-lo.

Então inventou que Marco se apaixonara por ela, mas que não queria namorar ele, gentilmente "cedendo" seu lugar a qualquer uma de suas amigas, desde que lhe fizessem favores.

Na verdade, Marco Antonio nem sabia que Joana existia. Sua vida era um corre-corre danado, e ele não tinha tempo de ficar em casa ou passear no bairro. [...]

Alexandra Lopes e André Mota. *Amigo não é pra essas coisas*. São Paulo: Editora do Brasil, 2022. p. 6.

🔴 Copie seis palavras com encontros consonantais e circule-os.

🔴 Forme uma única frase utilizando duas palavras que você copiou.

Dígrafo

Dígrafo é a união de duas letras que representam apenas um som ou fonema.

● Leia o trava-língua e repita-o bem depressa. Depois, circule os dígrafos que aparecem nele.

Se um dia me der na telha,
eu frito a fruta na grelha,
eu ponho a joia na ovelha,
eu dou a flor pra abelha.

Trava-língua.

● Escreva uma palavra para cada dígrafo a seguir.

ch _____ gu _____

ss _____ lh _____

qu _____ sc _____

nh _____ rr _____

sç _____ xc _____

● Escreva uma frase que contenha três palavras com dígrafos.

_____
_____
_____

Encontro vocálico

O **encontro vocálico** é formado por duas ou mais vogais juntas, na mesma palavra, e pronunciadas com sons distintos. Pode ser classificado em:
- **ditongo** – encontro de uma vogal e uma semivogal ou de uma semivogal e uma vogal na mesma sílaba;
- **tritongo** – encontro de uma semivogal, uma vogal e outra semivogal na mesma sílaba;
- **hiato** – encontro de duas vogais em sílabas separadas.

● Classifique as palavras de acordo com a legenda e copie-as separando as sílabas.

D ditongo   **T** tritongo   **H** hiato

☐ língua

☐ açaí

☐ saguão

☐ memória

☐ doutor

☐ saúde

☐ Uruguai

☐ sabão

☐ riacho

☐ Paraguai

● Classifique as palavras do quadro abaixo de acordo com as categorias indicadas a seguir. Atenção, a mesma palavra pode pertencer a mais de uma categoria.

pandeiro	marinho	guarda	tarde	sucesso	Brasil
vasilha	açaí	dentista	blusa	queijo	Guarujá
feijão	pneu	livro	chiado	tempero	bolinho

a) Encontro consonantal

b) Encontro vocálico

c) Dígrafo

● Das palavras do quadro acima, escolha uma que tenha aparecido em duas categorias e escreva uma frase com ela.

M antes de P e B

> Antes das letras **p** e **b**, usamos a letra **m**. Antes de outras consoantes, usamos a letra **n**.

● Complete as palavras com **m** ou **n** e copie-as.

le___ço

bo___ba

co___petir

po___ba

sa___ba

bala___ço

ca___sado

i___dígena

bri___quedo

i___telige___te

cira___da

apo___tador

cu___prime___to

co___prime___to

 **LEIA**

O acontecido se deu em Cambitos, cidade que se gabava de nunca sofrer delitos e que ficava ao lado do estreito Buraco da Agulha, um lugar onde tudo se patrulha e que quase não se via com o passar do tempo [...]

Cambitos era uma aldeola com algumas casas caiadas, uma igreja cheia de carola, uma praça ensolarada, uma grande escola, uma venda abarrotada e um campo de terra pra jogar bola. Mas isso não era o mais importante. O que mais importa dizer neste instante é que Cambitos era um lugar distante e o povo de lá falava bastante. [...]

Blandina Franco e Tino Freitas. *Cambitos*. São Paulo: Editora do Brasil, 2022. p. 12.

🔴 Copie as palavras com *m* antes de *p* e *b*.

Til

Usamos **til** ~ para indicar o som nasal das vogais **a** e **o**.

CUBRA E COPIE

melão

leão

irmã

coração

cães

avião

espiões

botão

ração

questão

dentição

aparição

Cedilha

A **cedilha** ¸ é o sinal usado na letra **c** antes das vogais **a**, **o** e **u** para indicar o som do fonema **s**.

🔸 Escreva a cedilha nos locais corretos e copie as palavras.

crianca

redacão

pacoca

percepcão

calcada

acude

calca

acúcar

peca

🔸 Escreva uma frase que contenha palavras com cedilha.

21

● Circule as palavras com til e cedilha. Depois, copie as frases.

O palhaço desenhou um balão.

A moça usa um laço na cabeça.

As crianças brincaram no balanço.

Comi um pão caseiro com requeijão.

Júlio estava descalço de manhã.

A tia de Eduarda era muito engraçada.

● Escolha uma das frases e faça um desenho que a represente.

Sinais gráficos

> O **acento agudo** ´ é usado para indicar a sílaba tônica de certas palavras e também o som aberto das vogais **e** e **o**.

- Coloque o acento agudo nas palavras a seguir (quando necessário) e copie as frases.

O restaurante tem um cardapio incruvel.

Eu gostaria de cantar varias musicas durante o show.

Como esta gripada, Clarice tomara um remedio. Por isso, não saira hoje.

Minha avo e uma pessoa adoravel.

O **acento circunflexo** ^ é usado para indicar a sílaba tônica de certas palavras e também o som fechado das vogais **e** e **o**.

● Cubra os tracejados e ligue cada objeto a seu nome.

pirâmide

câmera

lâmpada

tênis

ônibus

○ Complete as palavras com acento agudo ou acento circunflexo e copie-as.

transito

picole

historia

hospede

musica

relogio

lamina

paleto

pessego

ciencia

robo

pessimo

gemeo

maracuja

pe

jacare

buque

abobora

O **acento grave** ` é usado para indicar a fusão da preposição **a** com o artigo **a**.

Gael foi à padaria.

● Leia e coloque os acentos agudo e grave onde for necessário.

[...]
— Nem te conto, Fulô, mas o Astolfo agora deu pra dançar a meia-noite com todos os esqueletos do cemiterio. Fazem uma barulheira! Os moradores do Parque das Industrias nem pregam mais os olhos e passam o dia seguinte bocejando, tamanha é a baderna que os esqueletos fazem na madrugada.
— Eustáquia do ceu! Mas a senhora ta contando essa história porque viu acontecer ou porque ouviu alguem de conversa fiada por aí?
— Ah, Fulô, pois juro a senhora que eu e meu santo marido vimos. So acreditei quando ele me descreveu tim-tim por tim-tim o que ele tambem viu. Não havia como negar. Nos assistimos a mesma cena. [...]

Jonas Ribeiro e Telma Guimarães. *O caso arrepiante do esqueleto Astolfo*. São Paulo: Editora do Brasil, 2022. p. 6.

● Agora copie as palavras em que você colocou acento.

Hífen

O **hífen** - é usado para:
- separar as sílabas de uma palavra, por exemplo, jo-ga-dor;
- ligar as palavras compostas, por exemplo, guarda-sol;
- ligar os pronomes ao verbo, por exemplo, diga-me.

🔴 Circule os hifens e copie as frases.

Acho que vai chover, leve o guarda-chuva.

Miguel decidiu convidá-la para ir almoçar na segunda-feira.

Meu presente é ma-ra-vi-lho-so.

Deixe-me abrir a porta para você.

Empreste-nos seu notebook, por favor.

Um bom acompanhamento para o almoço é couve-flor temperada.

Peça-lhe que cumpra a promessa.

🔴 Separe as sílabas das palavras usando hífen.

paraquedas

chinelo

sucata

aparelho

bola

ecologia

tamanduá

Frase

As **frases** são classificadas em cinco grupos.
- **Declarativas afirmativas** – Glória joga tênis todos os dias.
- **Declarativas negativas** – Ele não ganhou a eleição este ano.
- **Interrogativas** – Júlio e Karina saíram ontem?
- **Exclamativas** – Que história inacreditável!
- **Imperativas** – Vire à direita agora.

● Classifique as frases do texto a seguir.

a) [...] Para os cidadãos de Cambitos, um ser diferente os deixava aflitos, era um perigo, merecia castigo! [...]

b) [...] – Vocês sabem por que Bruxudo é tão diferente de tudo quanto é ser vivente? [...]

Blandina Franco e Tino Freitas. *Cambitos*. São Paulo: Editora do Brasil, 2022. p. 19 e 22-23.

● Transforme as frases interrogativas em frases declarativas negativas. Veja o modelo.

Vamos tomar um chá hoje?
Não vamos tomar um chá hoje.

Você se desculpou com seu irmão?

Nós temos ingressos suficientes?

Você pode nadar na piscina?

Esta série sobre animais é interessante?

Esther comprou a blusa verde?

Tem macarrão para o jantar?

Você está sentindo-se bem?

● Copie as frases e classifique-as.

Adicione três xícaras de farinha integral.

Seu cachorro late muito alto!

Não esqueci o que pediu.

Ajude-me com as sacolas de compras.

Você comprou o presente de Joaquim?

Sinônimos, antônimos e homônimos

Sinônimos são palavras que têm significados semelhantes (contente/feliz).
Antônimos são palavras que têm significados opostos (forte/fraco).
Homônimos são palavras com a mesma pronúncia (às vezes, a mesma grafia), mas que têm significados diferentes (calda/cauda).

● Leia as frases a seguir e marque um **X** no sinônimo mais adequado para as palavras sublinhadas.

a) A garota adorou viajar com os pais para o interior.

☐ criança   ☐ menina   ☐ bebê

b) Por estar agitado, o gato estava fazendo muita bagunça na casa.

☐ calmo   ☐ inquieto   ☐ choroso

c) Escolhi um restaurante maravilhoso para jantarmos.

☐ incrível   ☐ bom   ☐ péssimo

d) O jogo terminou empatado.

☐ começou   ☐ continuou   ☐ acabou

Escreva uma frase com o antônimo de cada palavra a seguir.

wavebreakmedia/Shutterstock.com

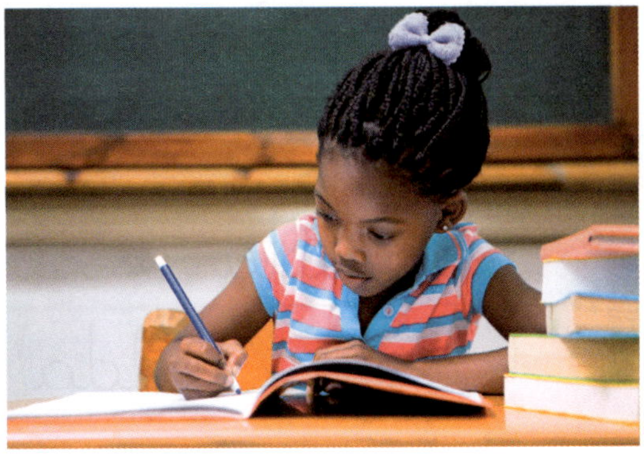

aluno

acordar

alto

quente

doente

● Complete a frase com o homônimo correto.

a) O macaco tem uma _____ que o ajuda a se equilibrar nas árvores. (cauda/calda)

b) Eu assisti a um _____ lindo, com repertório variado. (conserto/concerto)

c) Enchi aquele _____ de margaridas. (cesto/sexto)

d) Talvez eles _____ mais alguns meses. (viagem/viajem)

● Escreva uma frase para cada palavra homônima a seguir.

Manga (fruta) e manga (de camisa).

Gosto (sabor) e gosto (do verbo gostar).

Substantivos

Os **substantivos** são uma classe gramatical de palavras que podem receber as classificações a seguir.

- **Próprios** – dão nome a pessoas, lugares e animais de maneira particular.

- **Comuns** – dão nome a seres e coisas de maneira genérica.

 Thor

 livro

- **Concretos** – existem independentemente de outro ser ou objeto.

- **Abstratos** – existem na dependência de outro ser ou objeto.

 poltrona

 amor

- **Simples** – são formados por apenas um elemento.

- **Compostos** – são formados por dois ou mais elementos.

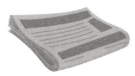 árvore

 guarda-sol

- **Primitivos** – dão origem a outras palavras.

- **Derivados** – são originados de outras palavras.

jornal

 jornaleiro

🔴 Classifique os substantivos abaixo.

Valentina

alegria

chuvarada

jardim

🔴 Agora, escreva um texto usando os substantivos acima.

● Classifique os substantivos sublinhados em concreto (**C**) ou abstrato (**A**). Depois, copie as frases.

Ele disse que sofreu com a <u>saudade</u>. ☐

Deixei os <u>meninos</u> na escola. ☐

Admiro muito sua <u>honestidade</u>. ☐

Ana teve uma <u>infância</u> muito feliz. ☐

A <u>avó</u> de Davi é muito amorosa. ☐

Estou com <u>fome</u>, vamos comer? ☐

Nós colecionamos <u>revistas</u> antigas. ☐

O que sinto por você é <u>amor</u>. ☐

● Escreva os substantivos primitivos que deram origem aos substantivos derivados abaixo.

pedreira

floricultura

ferreiro

livraria

vidraçaria

dentadura

cafezal

cavaleiro

portaria

terremoto

● Escreva substantivos derivados que são originados dos substantivos primitivos abaixo.

rei

boi

grama

cozinha

formiga

rico

● Escreva uma frase com cada substantivo indicado, conforme sua classificação.

substantivo próprio

substantivo comum

substantivo concreto

substantivo abstrato

substantivo simples

substantivo composto

substantivo primitivo

substantivo derivado

Substantivos coletivos

> **Substantivo coletivo** é aquele que nomeia uma coleção ou um conjunto de coisas ou seres da mesma espécie.

● Escreva os substantivos coletivos dos elementos a seguir.

peixes

cebolas

cães

estrelas

pessoas

livros

soldados

ovelhas

aviões

vozes

artistas

mapas

Artigos

> **Artigos** são palavras que precedem os substantivos, indicando gênero e número. Podem ser **definidos** (o, a, os, as) ou **indefinidos** (um, uma, uns, umas).

🔸 Leia o texto a seguir e circule os artigos definidos.

Sempre tive vontade de entrar lá, mas a loja era tão escura e misteriosa, que eu ficava parado na porta e nunca entrava.

Um dia, quando eu estava saindo de casa para ir ao cinema com o Luís, encontrei o homem que era dono da loja. Eu disse um simples "boa tarde", mas ele aproveitou para puxar conversa:

– Boa tarde, menino. Você parece triste hoje. Não gostaria de alegrar seu dia? [...]

– Como?

– Vamos até a minha loja...

Quando chegamos lá, eu não podia acreditar no que estava vendo!

Eram centenas de objetos que, segundo o dono da loja, mudariam a minha vida. Era só comprar o primeiro.

– Quanto você tem aí? – perguntou ele.

Contei o dinheiro que tinha e descobri que, com ele, poderia comprar a entrada para o cinema e um saco de pipocas.

– Ahhh! Então é o suficiente para comprar um "superdescascador de bananas". Este produto vai acabar com quase todos os problemas de sua vida. É pagar pra ver.

– Posso experimentá-lo agora? – perguntei.

– É claro, Lucas, desde que você compre a máquina e algumas bananas. [...]

Alexandra Lopes e André Mota. *Comprei aquilo, deu nisso*. São Paulo: Editora do Brasil, 2022. p. 5-6.

🔸 Copie o artigo indefinido que aparece no texto.

🔸 Agora, forme uma frase utilizando um artigo definido e um artigo indefinido. Mas atenção: a frase precisa ser uma continuação para o texto lido.

- Circule os artigos definidos e sublinhe os artigos indefinidos.

a) O desfile da escola aconteceu ontem.

b) Comprei uma bicicleta para andar com meus colegas.

c) Bruno foi visitar uns primos na Inglaterra.

d) Comi a cereja do bolo.

e) Adorei conhecer os seus pais.

f) Um passarinho me contou...

g) As crianças colheram frutas de umas árvores perto de casa.

- Escreva uma frase usando:

a) um artigo definido;

b) dois artigos indefinidos.

Gênero do substantivo

> Quanto ao gênero, há substantivos que são **biformes**:
> - **masculinos** – podem vir precedidos dos artigos **o**, **os**, **um**, **uns**;
> - **femininos** – podem vir precedidos dos artigos **a**, **as**, **uma, umas**.

🟠 Leia o texto e circule o substantivo composto feminino que aparece nele.

[...]
A África é a terra-mãe da humanidade. Foi onde os humanos evoluíram e passaram a maior parte de sua existência na Terra. Os humanos modernos (*homo sapiens*) começaram a migrar da África para outros continentes há cerca de 120 mil anos, e possivelmente antes disso, segundo novas pesquisas.

Os primeiros humanos viajavam por diversos motivos, como desastres naturais, mudanças climáticas e escassez de alimentos.

NÔMADE
É uma pessoa que se desloca de lugar em lugar, sem fixar moradia. [...]

Romana Romanyshyn e Andriy Lesiv. *Em movimento*. São Paulo: Editora do Brasil, 2022. p. 11.

🟠 Copie todos os substantivos femininos que aparecem no texto.

🟠 Escolha um substantivo masculino do texto e forme uma frase com ele.

● Passe as frases a seguir para o masculino.

A prima de Sophia é uma médica muito competente.

A ladra invadiu o museu e roubou diversas peças raras.

Ela foi a melhor jogadora de futebol do mundo durante anos.

A presidenta da empresa foi para um congresso em Milão.

Há substantivos que apresentam apenas uma forma para indicar tanto o masculino quanto o feminino. Esses substantivos **uniformes** se classificam em:
- **comuns de dois gêneros** – indicam o gênero por meio do artigo que precede o substantivo (o paciente/a paciente);
- **epicenos** – indicam o sexo de alguns animais juntando as palavras **macho** ou **fêmea** ao nome deles (girafa macho/girafa fêmea);
- **sobrecomuns** – apresentam uma só forma e um só artigo para ambos os gêneros (a pessoa).

🔴 Escreva o masculino dos substantivos a seguir e classifique-os. Veja o modelo.

a agente

o agente

comum de dois

a camarada

a cobra fêmea

o urubu fêmea

a testemunha

o gênio

Plural dos substantivos

> Geralmente, o **plural dos substantivos** é formado acrescentando-se um **s** (mala – mala**s**); mas, às vezes, as palavras sofrem algumas modificações em sua terminação (chinês – chines**es**; pão – pã**es**; azul – azu**is**).

● Complete o texto com as palavras do quadro no plural.

| rua   chocolate   pessoa   museu   semana   pão   praça |

Foram _____ muito emocionantes. Era a primeira vez que eu viajava para longe. Depois de me ajeitar no hotel, fui andar pelas _____ de Paris. Guardei tudo na memória, as _____ andando de bicicleta, os _____ quentes na hora do almoço, os _____ nas docerias... Passeei pelos _____, pelas galerias, pelas _____, pelos monumentos... Paris é realmente linda!

46

LEIA

[...]
Nada no Universo fica completamente parado. O movimento é uma coisa natural: a Terra, a água, a atmosfera e até mesmo os continentes estão em constante movimentação. Afinal de contas, o Universo inteiro não para de se expandir. [...]

Pessoas e animais usam alguns movimentos para se deslocar de um lugar para o outro. Existem muitas formas de locomoção, como: correr, nadar, pular, voar, deslizar e rastejar. [...]

Romana Romanyshyn e Andriy Lesiv. *Em movimento*. São Paulo: Editora do Brasil, 2022. p. 12-13.

- Leia abaixo alguns substantivos que aparecem no texto e passe-os para o plural ou para o singular.

Universo

lugar

movimento

contas

continentes

pessoas

movimentação

animais

água

formas

Plural dos substantivos compostos

Os substantivos compostos grafados **sem hífen** fazem o plural como os substantivos simples (girassol/girassóis).

Os substantivos compostos grafados **com hífen** fazem o plural das seguintes maneiras:
- quando houver dois substantivos, os dois vão para o plural ou apenas o primeiro elemento (couve-flor/couves-flores ou couves-flor);
- quando houver um substantivo e um adjetivo, os dois elementos vão para o plural (erva-doce/ervas-doces);
- quando o primeiro elemento é um verbo ou palavra invariável e o segundo é um substantivo, só o segundo elemento (o substantivo) vai para o plural (beija-flor/beija-flores);
- quando os dois elementos são ligados por preposição, só o primeiro elemento vai para o plural (pimenta-do-reino/pimentas-do-reino).

● Passe as frases a seguir para o plural.

Eu gosto muito de comer cachorro-quente com purê de batata.

henrique ferrera/Shutterstock.com

Aquele torcedor é pé-frio.

- Copie as palavras e passe-as para o plural.

peixe-boi

palavra-chave

água-de-colônia

banana-da-terra

porco-espinho

quinta-feira

bem-te-vi

pombo-correio

curto-circuito

guarda-roupa

Graus do substantivo

Quanto ao grau, os substantivos são classificados em:
- **diminutivo** – indica um tamanho reduzido do ser; geralmente é formado pelas terminações **-inho**, **-inha**, **-zinho**, **-zinha**, **-ito**, **-eto**, **-ota**;
- **aumentativo** – indica um tamanho ampliado do ser; geralmente é formado pelas terminações **-ão**, **-ona**, **-zarrão**.

bolinha   bola   bolão

Imagens: irin-k/Shutterstock.com

● Escreva uma frase com o substantivo correspondente a cada orientação a seguir.

a) Aumentativo de livro.

b) Diminutivo de frio.

c) Diminutivo de comida.

- Complete com o diminutivo e o aumentativo dos substantivos a seguir.

Diminutivo		Aumentativo
	festa	
	chuva	
	carro	
	escada	
	copo	
	cadeira	
	mesa	
	mãe	
	fogo	
	muro	
	gato	
	homem	
	amigo	

Adjetivos

Adjetivos são palavras que caracterizam os substantivos.

 **LEIA**

Capítulo 1

Trimmmmmm!!!

Sete horas. Um despertador histérico tentava desesperadamente acordar um casal.

— Cintia, você não vai desligar esse despertador? – disse Seu Juvenal enquanto procurava os óculos.

— Será que, depois de 20 anos de casados, você ainda não conseguiu aprender que o meu nome é Cintia Isabelle Stella? Pelo menos hoje, você, como pai, deveria acordar Rafael Eduardo, pois este é um dia muito importante para ele: é o seu primeiro dia de aula. – O pai, ainda sonolento, desligou o despertador e foi acordar Rafael.

— Rafa, são sete horas. Você vai se atrasar.

— Hummmmm... Já vou... Tô indo...

Depois de uma pausa, ele deu um pulo na cama e perguntou, assustado:

— Atrasar para quê?

— Ué?! Para o seu primeiro dia de aula. Vamos, você toma banho enquanto eu faço o café. [...]

Alexandra Lopes e André Mota. *Pensando no X da questão*. São Paulo: Editora do Brasil, 2022. p. 5.

● Copie os adjetivos que aparecem no texto.

● Agora, forme uma frase com dois dos adjetivos que você copiou.

● Leia as frases e marque um **X** nos adjetivos que podem ser aplicados a cada substantivo.

a) Eu tenho uma joia:

☐ linda.   ☐ saborosa.
☐ veloz.   ☐ rara.
☐ brilhante.   ☐ inteligente.
☐ fria.   ☐ colorida.
☐ gostosa.   ☐ cara.

b) O pai de Maria Clara é:

☐ carinhoso.   ☐ opaco.
☐ divertido.   ☐ azul.
☐ rasgado.   ☐ inteligente.
☐ dedicado.   ☐ úmido.
☐ barato.   ☐ caro.

c) Minha comida está:

☐ gostosa.   ☐ azeda.
☐ educada.   ☐ inteligente.
☐ fria.   ☐ saborosa.
☐ dedicada.   ☐ quente.
☐ doce.   ☐ cheirosa.

● Complete as frases com os adjetivos do quadro a seguir.

| cansado | rápido | interessante | colorido |

a) Passei o dia todo andando, por isso estou _____.

b) Eu prefiro usar meu tênis _____.

c) Cecília achou a palestra de ontem muito _____.

d) Sou muito _____ andando de bicicleta.

● Observe as fotografias e escreva três adjetivos para cada uma delas.

_____

_____

_____

_____

_____

_____

Graus do adjetivo

O **grau do adjetivo** indica a intensidade com que o adjetivo caracteriza o substantivo. Pode ser comparativo ou superlativo absoluto.

a) **Comparativo**:
- **de igualdade** (**tão** + adjetivo + **quanto**);
- **de superioridade** (**mais** + adjetivo + **do que**);
- **de inferioridade** (**menos** + adjetivo + **do que**).

● Classifique as frases em comparativo de igualdade (**IG**), de superioridade (**SU**) ou de inferioridade (**IN**). Depois, copie-as.

☐ Alice é tão divertida quanto Lara.

☐ Rex é mais bravo do que Lulu.

☐ Caio é tão arteiro quanto Ana.

☐ Herni é menos agitado do que seu irmão caçula.

b) Superlativo absoluto:
- **analítico** (palavra intensificadora + adjetivo: **muito** belo, **extremamente** fácil);
- **sintético** (adjetivo + sufixo: bel**íssimo**, fac**ílimo** etc.).

● Escreva os adjetivos no grau superlativo absoluto sintético. Observe o modelo.

fiel — fidelíssimo

baixo —

horrível —

difícil —

cheio —

amável —

limpo —

forte —

doce —

magro —

● Escreva uma frase com um adjetivo superlativo absoluto analítico.

Numerais

> Os **numerais** classificam-se em **cardinais**, **ordinais**, **multiplicativos** e **fracionários**.

- Complete as frases com um dos numerais do quadro.

| dobro | metade | quinta | seis |

a) Faz _____ anos que virei vegetariano.

b) É a _____ vez que corro uma maratona.

c) Julia doou _____ dos lucros de sua empresa a pessoas carentes.

d) Usaremos o _____ de ovos nesta receita.

 **CUBRA E COPIE**

terceiro   quinhentos   um quarto

dezessete   sétimo   triplo

sêxtuplo   dois terços   onze

três sextos   quarenta   vinte e um

● Classifique os numerais *terceiro*, *quinhentos* e *um quarto*.

● Leia a tirinha a seguir, copie e classifique os numerais que aparecem nela.

Pronomes

Pronome é a palavra utilizada no lugar do nome ou que a ele se refere. Pode também acompanhar o nome, qualificando-o de alguma forma. Os pronomes variam em gênero, número e pessoa.

 **LEIA E COPIE**

Pronomes pessoais do caso reto

eu, tu, ele, ela, nós, vós, eles, elas

Pronomes pessoais do caso oblíquo

me, mim, comigo, te, ti, contigo, se, si, consigo, o, a, lhe, nos, conosco, vos, convosco, os, as, lhes

Pronomes de tratamento

Vossa Majestade, Vossa Santidade, Meritíssimo, você, senhor

Pronomes possessivos

meu, teu, seu, nosso, vosso, meus, teus, seus, nossos, vossos

Pronomes demonstrativos

este, esse, aquele, estes, esses, aqueles, isto, isso, aquilo

Pronomes indefinidos

algum, nenhum, todo, muito, pouco, vários, tanto, outro, quanto, qualquer, alguém, ninguém, tudo, nada, algo, cada

Pronomes relativos

o qual, cujo, quanto, quem, que, onde

 **LEIA**

[...]
Quando foi se deitar para dormir, Joana sorriu para si mesma e pensou em como era bom poder mandar nos outros. E pensou ainda que suas amigas eram muito bobas e fáceis de enganar. Não era culpa dela se acreditavam em tudo que dizia!

Há mais de um mês, ela estava tranquila, com tempo extra para brincar e fazer outras coisas, porque as amigas faziam todas as tarefas que Joana não gostava de fazer. [...]

Alexandra Lopes e André Mota. *Amigo não é pra essas coisas*. São Paulo: Editora do Brasil, 2022. p. 8.

● Copie os pronomes que aparecem no texto de acordo com a classificação.

Pronomes pessoais do caso reto

Pronomes possessivos

Pronomes pessoais do caso oblíquo

Pronomes indefinidos

Verbos da 1ª conjugação

> **Verbos** são palavras que indicam ação, estado ou fenômeno da natureza.
> Na **1ª conjugação**, os verbos terminam em **-ar** (am**ar**, sec**ar**, pul**ar**...).

● Complete o texto com os verbos em destaque, conjugando-os adequadamente.

inventar   patentear   remontar   transportar

[...]
A invenção da roda e dos transportes sobre rodas permitiu viagens mais fáceis, mais rápidas e para mais longe. As primeiras rodas foram fabricadas nas regiões do Oriente Próximo e da Europa Oriental.

Bicicleta
Mais popular meio de transporte da atualidade. Foi _____ em 1817, quando o barão alemão Karl Drais construiu um "cavalo de madeira" sobre duas rodas. O veículo foi _____ com o nome "draisiana" em homenagem ao seu inventor.

Rota da seda
O mais conhecido conjunto de rotas comerciais da China até a Europa e o Mediterrâneo _____ ao século II a.C. Seda, porcelana, especiarias, papel e muitos outros produtos eram _____ por essas rotas. [...]

Romana Romanyshyn e Andriy Lesiv. *Em movimento*. São Paulo: Editora do Brasil, 2022. p. 15-16.

Verbos da 2ª conjugação

> Na **2ª conjugação**, os verbos terminam em **-er** (com**er**, mex**er**, ferv**er**...).

● Complete as frases com o verbo indicado entre parênteses, na conjugação adequada.

a) Eu _____ uma história ótima. (ler)

b) Você _____ quando Ravi viajará para Blumenau? (saber)

c) Luísa _____ em até cinco minutos. (descer)

d) Manoel _____ dez livros hoje. (vender)

● Escreva em que tempo verbal estão conjugados os verbos a seguir.

comi _____

farei _____

correria _____

enchera _____

bebo _____

Verbos da 3ª conjugação

> Na **3ª conjugação** os verbos terminam em **-ir** (pe**dir**, sub**ir**, deci**dir**...).

● Passe os verbos a seguir para o infinitivo e circule apenas os que são da 3ª conjugação.

fugirei

fazia

molhamos

contou

divido

sentiremos

mentiste

tocaremos

acolhera

beberão

mandei

subiríamos

Verbo pôr

O verbo **pôr** e seus derivados pertencem à 2ª conjugação, embora não terminem em **-er**.

LEIA E COPIE

pôr   compor   dispor

repor   supor   propor

● Complete as frases a seguir com o verbo pôr e seus derivados. Depois, copie-as.

supôs   propor   ponha

_____ os pratos na mesa.

Maria _____ que eu estava mentindo.

Eu vou _____ que ela se case comigo.

Verbos auxiliares

> Os verbos **ser**, **estar**, **ter** e **haver** são chamados de **auxiliares** porque auxiliam a conjugação de outros verbos.

● Complete as frases com o verbo auxiliar indicado. Depois, copie-as.

Eu já _____ caminhado muitos quilômetros pela manhã. (haver)

Eu _____ estado ansioso. (ter)

Enzo e Luna _____ estudando inglês na mesma escola. (estar)

O documento não _____ enviado. (ser)

66

● Continue conjugando os verbos auxiliares a seguir. Observe o tempo indicado.

Presente

ser

Eu sou
Tu és

estar

Eu estou
Tu estás

ter

Eu tenho
Tu tens

haver

Eu hei
Tu hás

Oração – sujeito e predicado

> **Oração** é um conjunto de palavras formado, na maioria das vezes, por sujeito e predicado. Toda oração tem verbo.
> **Sujeito** é o ser que pratica a ação ou o ser de quem informamos alguma coisa.
> **Predicado** é a informação ou declaração de algo referente ao sujeito.

 **LEIA**

[...]

Marinhagem

Navegar é uma das formas mais antigas de viajar. A curiosidade humana e a gana por descobertas impulsionaram as pessoas a embarcar em longas e perigosas jornadas pelos mares. A ciência da navegação nasceu e se desenvolveu com as viagens marítimas. [...]

Os Vikings foram marinheiros e pioneiros insuperáveis. [...]

Romana Romanyshyn e Andriy Lesiv. *Em movimento*. São Paulo: Editora do Brasil, 2022. p. 20.

● Copie as frases destacadas e separe sujeito de predicado.

● Circule os sujeitos e sublinhe os predicados. Depois, copie as frases.

Os rinocerontes estão em extinção.

O colar de Beatriz caiu do porta-joias.

Os meteorologistas não previram a frente fria desta semana.

Pietro gargalhou quando viu o palhaço no circo.

Miguel e Jade estão ensaiando para dançar uma valsa.

Objeto direto e objeto indireto

Objeto direto é o complemento que vem ligado ao verbo sem preposição, ou seja, ligado a um verbo transitivo direto.

Objeto indireto é o complemento que vem ligado ao verbo com preposição, ou seja, a um verbo transitivo indireto.

 **LEIA**

- Copie o objeto direto da frase destacada.

- Faça o mesmo com as frases a seguir.

O leão adora o sol.

Marina tomou sorvete.

Minha mãe fez um bolo.

● Sublinhe os verbos e complete as frases com objetos diretos. Veja o modelo.

Nós queremos um cobertor novo.

Eu aprendi

Estudamos

Arthur lavou

Elisa e seu irmão visitaram

● Sublinhe os verbos e complete as frases com objetos indiretos. Veja o modelo.

Por que ele não acredita em mim?

Eu sonhava

Eles precisam

Nós sairemos

Não me diga

Encontrei meu amigo e ele acenou

Advérbios

Advérbios são as palavras invariáveis que modificam um verbo, um adjetivo ou outro advérbio. Classificam-se em:
- **de lugar** (aqui, lá, acima, perto, atrás, cá, ali...);
- **de tempo** (cedo, amanhã, logo, agora, breve, já, imediatamente...);
- **de modo** (melhor, depressa, assim, bem, mal, calmamente, suavemente...);
- **de afirmação** (sim, claro, realmente, certamente, efetivamente...);
- **de negação** (não, jamais, nunca, tampouco...);
- **de dúvida** (talvez, provavelmente, acaso, decerto, possivelmente...);
- **de intensidade** (muito, mais, tanto, bastante, quase, demais...);
- **de interrogação** (onde, por que, quando, como, aonde).

● Transforme os adjetivos em advérbios de modo. Veja o modelo.

carinhoso — carinhosamente

sincero

gentil

cuidadoso

generoso

doce

fácil

amargo

claro

 **LEIA**

● Copie o advérbio que aparece na tirinha e classifique-o.

● Cubra o tracejado das frases. Depois circule e classifique os advérbios.

Chegamos muito tarde no cinema.

A livraria é perto da praça.

Talvez eu veja um episódio da série hoje de noite.

Quando vamos jogar juntas?

● Complete as frases com os advérbios do quadro. Depois, copie-as.

vagarosamente   amanhã   próximo   talvez   jamais

Fiz todo o dever de casa _____ e com atenção.

_____ visitaremos a exposição.

Eu _____ contaria uma mentira a meu pai.

O restaurante fica _____ da praia.

_____ o tigre seja mais ágil que o leão.

Preposições

Preposição é a palavra invariável que liga dois termos da oração, estabelecendo relação de sentido e dependência entre eles.

São elas: a, ante, após, até, com, contra, de, desde, em, entre, para, perante, por, sem, sob, sobre, trás.

 **LEIA**

[...]

Pinguins-de-Adélia

Entre todos os pinguins, estes são os que migram para mais longe. Durante o inverno da Antártica, percorrem aproximadamente 13 mil km em busca do sol. [...]

Ursos-Polares

Podem andar de 30 a 80 km por dia, durante vários dias seguidos. Em média, um urso-polar viaja cerca de mil km por ano. [...]

A enguia

Nasce nas águas mornas do Mar dos Sargaços. Após dois anos, nada em direção às águas frescas dos rios, onde cresce e vive de 10 a 15 anos. Depois volta ao Mar dos Sargaços, onde nascerão os alevinos. [...]

Romana Romanyshyn e Andriy Lesiv. *Em movimento*. São Paulo: Editora do Brasil, 2022. p. 49 e 53.

● Copie as preposições que aparecem no texto

● Escolha uma preposição e forme uma frase com ela.

● Complete as frases a seguir com preposições e copie-as.

Os camelos não precisam _____ muita água _____ sobreviver.

Conte-me mais _____ a viagem.

Iremos _____ você _____ sua casa.

Andei _____ skate _____ um parque.

Ela lutou _____ seus direitos.

Conjunções

> **Conjunção** é a palavra invariável que liga duas orações ou dois termos semelhantes de uma mesma oração.

● Complete as frases a seguir com as conjunções do quadro.

mas – todavia – ou – portanto

a) Comprou as entradas, _____ não pode ir ao circo.

b) Ele usaria a blusa vermelha, _____ lembrou que estava suja.

c) Liz estava em dúvida se ouvia pop _____ rock.

d) Tinha ensaiado muito, _____ fez uma ótima apresentação.

● Escreva um texto curto utilizando três conjunções diferentes.

● Complete as frases a seguir.

Gosto muito de chocolate, mas...

Gosto muito de chocolate, portanto...

Gosto muito de chocolate, porém...

Gosto muito de chocolate, porque...

Gosto muito de chocolate, entretanto...

Interjeições

> **Interjeição** é a palavra invariável que exprime emoções, sensações e estados de espírito. Quase sempre as interjeições são acompanhadas do ponto de exclamação.

 LEIA

- Leia as frases a seguir, circule as interjeições e escreva o que elas exprimem.

Por favor! Não entrem aí.
_____

Ui! Você pisou no meu pé.
_____

Puxa! Espero que Clara não demore mais.
_____

- Complete as frases a seguir utilizando interjeições.

a) _____! Eles dançam muito bem.

b) _____! O gato está bravo!

c) _____! Detesto filmes de terror!

d) _____! Finalmente chegamos!

e) _____! Você não pode subir lá.

🔴 Observe as cenas a seguir e escreva uma frase a respeito de cada uma delas usando interjeições.